MEINE ERSTEN TAUSEND WÖRTER

Ein Bilder-Wörterbuch

Heather Amery und Cornelie Tücking
Illustrationen von Stephen Cartwright

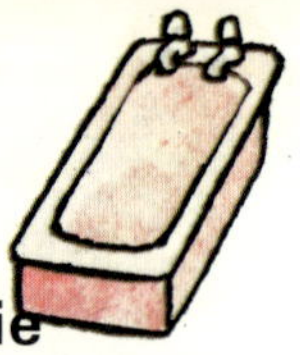
die Badewanne

die Seife

der Wasserhahn

der Schaum

die Zahnbürste

das Wasser

das Handtuch

der Schwamm

die Brause

die Zahnpasta

das Waschbecken

die Toilette

das Bücherregal

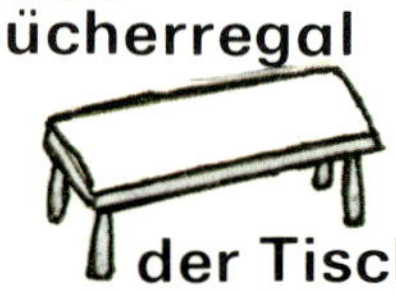
der Tisch

das Radio

Zu Hause

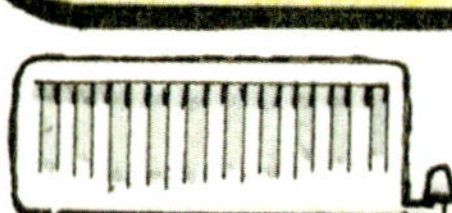
der Heizkörper

die Wolle

die Tapete

die Uhr

der Teppich

das Kissen

der Plattenspieler

die Lampe
das Bett
die Kommode
die Bürste
das Kopfkissen
der Kleiderschrank
der Vorleger
die Bilder*
die Daunendecke
die Kleider*
der Kamm
der Spiegel
das Bettlaken
die Treppe
die Spinne
der Sessel
die Briefe*
das Telefon
die Spinnwebe
die Fliege
die Zeitung
die Haken*

Die Küche

der Eisschrank

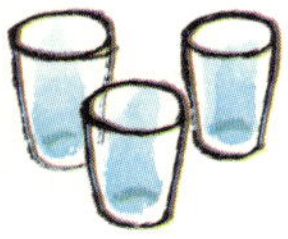
die Gläser*

die Uhr

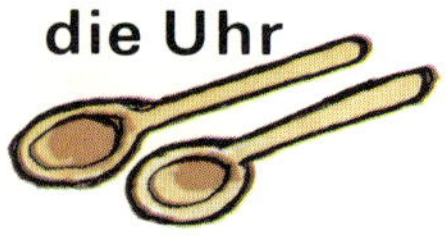
die Löffel*

die Schürze

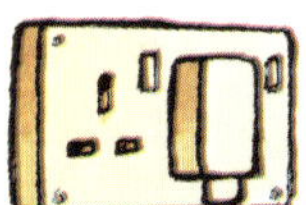
die Steckdose

die Töpfe*

die Untertassen*

das Bügeleisen

der Kessel

der Mop

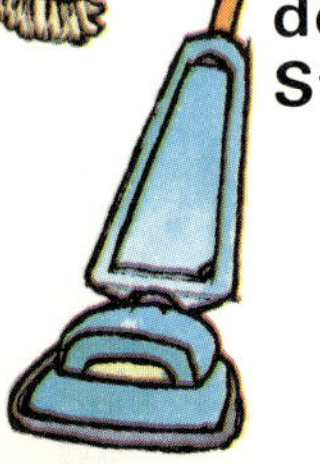
der Staubsauger

der Ausguß

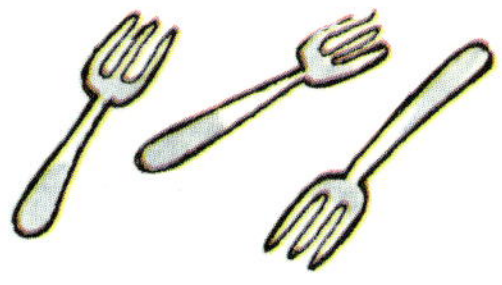
die Gabeln*

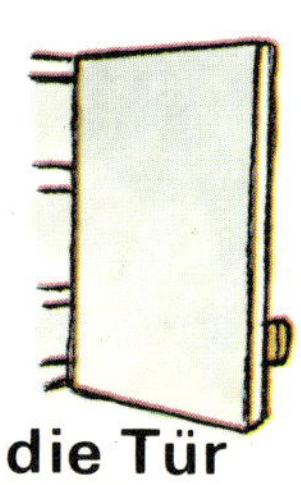
die Tür

das Staubtuch

der Hocker

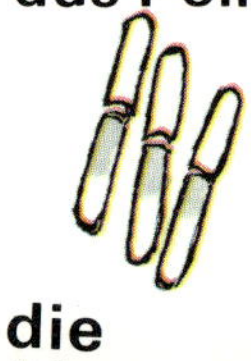
die Messer*

das Poliermittel

der Herd
die Kacheln*
die Schublade
der Abfall
die Bratpfanne
die Waschmaschine
die Schaufel
die Teller*
das Bügelbrett
das Waschpulver
die Bürste
der Schrank
der Tisch
die Birne
die Tassen*
die Teelöffel*
die Zündhölzer*
der Schlüssel
der Besen
die Schüsseln*

Im Garten

der Schubkarren

der Bienenstock

die Schnecke

die Ziegelsteine*

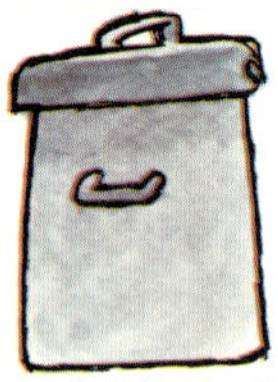
der Mülleimer

die Raupe

der Spaten

die Ameise

der Vogel

die Dachrinne

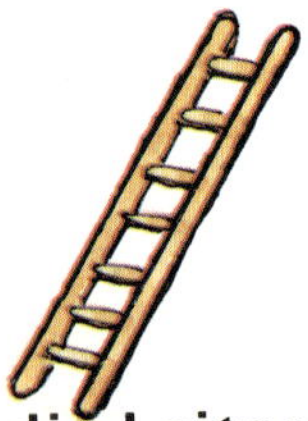
die Leiter

die Samen*

der Schuppen

der Wurm

die Blumen*

der Rasensprenger

der Knochen

die Hecke

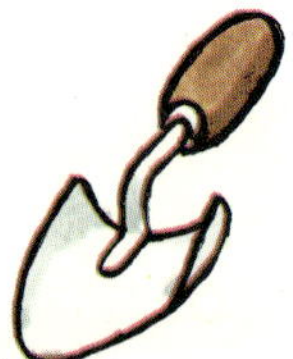
der Spaten

der Rasenmäher
der Weg
der Baum
die Heugabel
die Blätter*
der Besen
der Schlauch
die Hacke
der Rauch
die Biene
der Rechen

der Kinderwagen
die Wespe
das Gras
die Pflanzen*
das Feuer
das Vogelnest
die Stöcke*
das Gewächshaus

Die Werkstatt

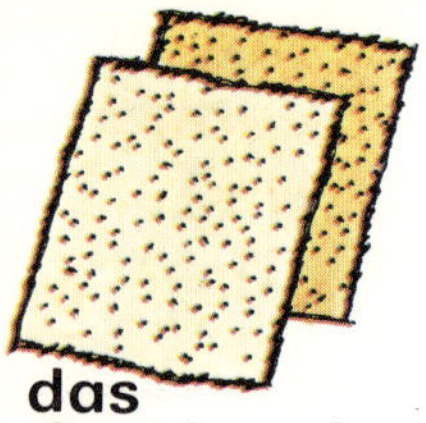
das Sandpapier

der Bohrer

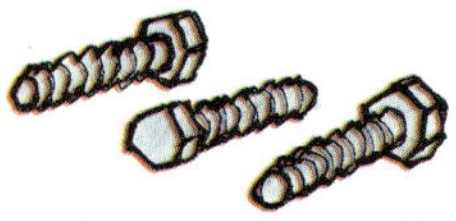
die Bolzen*

die Reißnägel*

die Säge

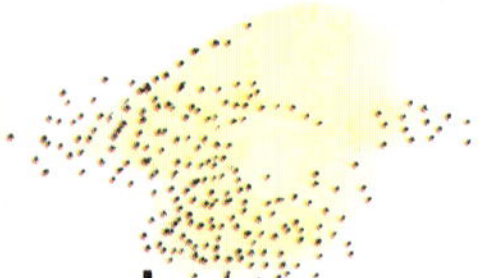
das Sägemehl

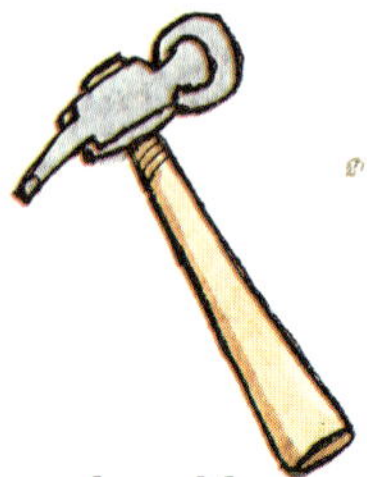
der Hammer

die Feile

der Werkzeugkasten

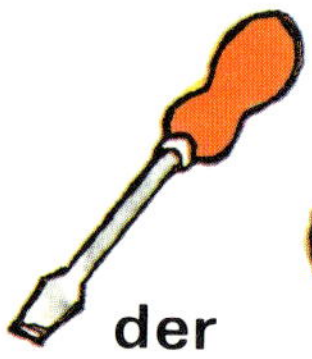
der Schraubenzieher

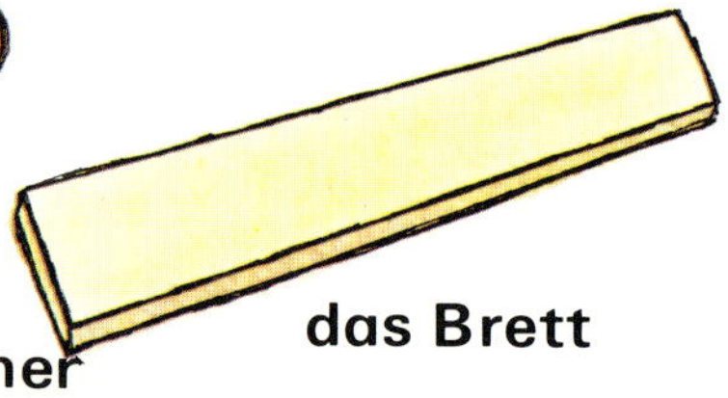
das Brett

der Farbtopf

die Späne*

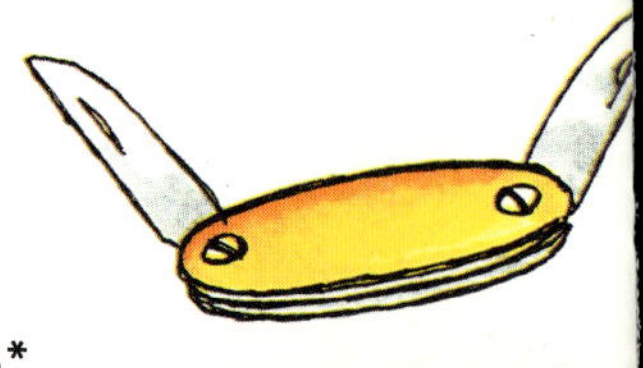
das Taschenmesser

das Faß

das Beil

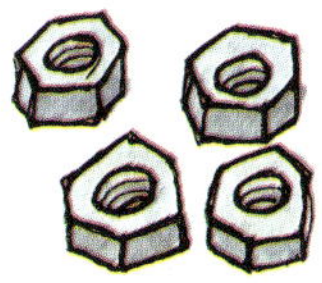

die Muttern*

das Maßband

die Schrauben*

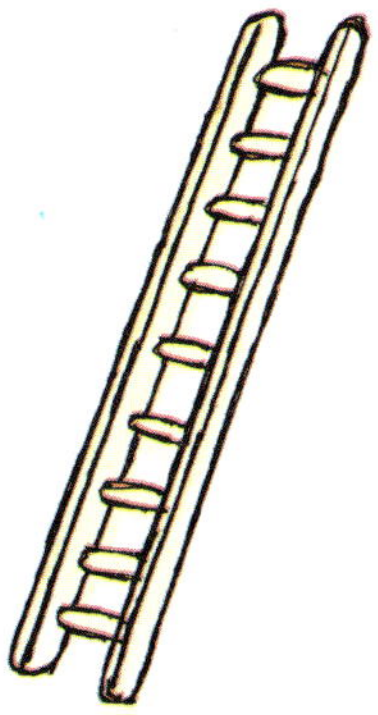

die Leiter

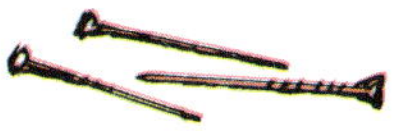

die Nägel*

der Schraubstock

das Brennholz

die Werkbank

die Gefäße*

das Holz

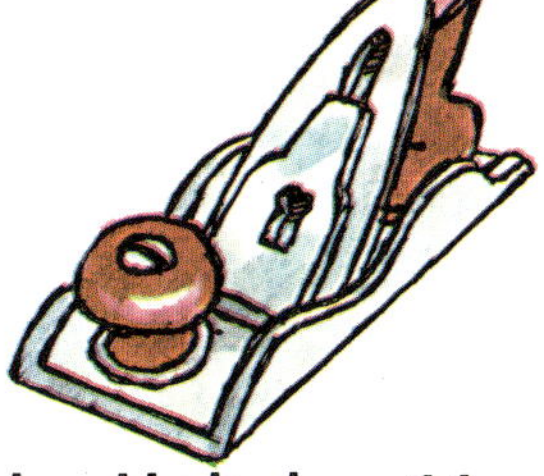

der Hobel

Die Straße

die Tankstelle

der Krankenwagen

das Fahrrad

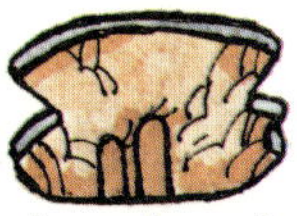
das Loch

das Café

der Bürgersteig

das Geschäft

die Ampel

der Schornstein

der Lastwagen

der Zebrastreifen

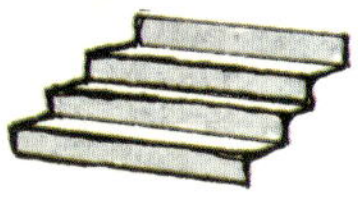
die Stufen*

der Mann

das Hotel

die Funkstreife

die Walze

der Preßlufthammer

die Schule

der Spielplatz

die Wohnungen*

die Statue

der Bus

das Taxi

der Anhänger

die Röhren*

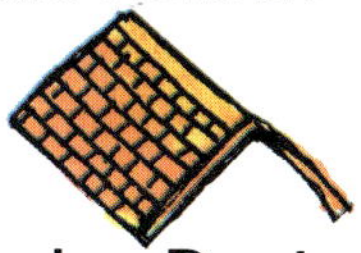
das Dach

der Markt

die Fabrik

die Fernsehantenne

der Lieferwagen

der Polizist

die Feuerwehr

das Haus

der Bagger

die Kirche

das Kino

das Auto

das Motorrad

der Fahrer

der Laternenpfahl

die Frau

Der Spielzeugladen

die Angelrute
der Malkasten
der Ton
der Fallschirm
die Schreib-
maschine
das Boot
die
Zielscheibe
der Panzer
die Soldaten*
die Festung
die
Sparbüchse
e Eisenbahn
die Trommeln*
die Bälle*
die
Marionetten*
der
Rennwagen
die Masken*
die Trompete
Pfeil und Bogen
das Gewehr
das
U-Boot

Der Park

der Ball

die Schnur

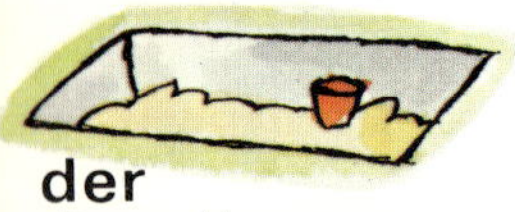
der Sandkasten

das Picknick

der Drachen

das Eis

der Hund

die Schaukeln*

das Tor

der Weg

die Kaulquappen*

die Rutschbahn

der Frosch

der Busch

die Rollschuhe*

die Kinder*

der Roller

die Schwäne*

das Baby

die Erde

der Zaun

der Kindersportwagen

die Tauben*

die Wippe

die Blumen*

die Pfütze

die Entchen*

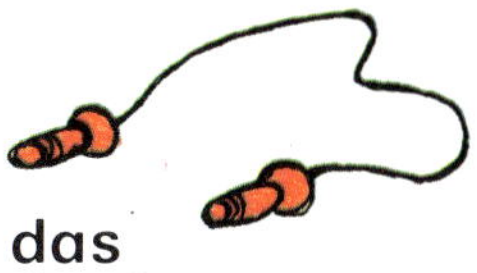
das Springseil

das Boot

das Blumenbeet

die Bank

der See

die Hundeleine

die Enten*

die Bäume*

Im Tierpark

der Pandabär
die Fledermaus
der Pinguin
das Nilpferd
die Klaue
das Känguruh
der Flügel
der Adler
die Federn*
der Strauß
die Giraffe
der Wolf
der Affe
der Pelikan
der Gorilla
der Bär
der Biber
der Löwe
die Löwenjungen*
das Krokodil

das Geweih
das Kamel
der Seehund
der Hirsch
der Eisbär
die Affen*
der Rüssel
das Zebra
der Elefant
die
Schwanzflosse
der Büffel
der Haifisch
das Nashorn
die Ziege
der Delphin
der Leopard
der Tiger
der Wal

die Schienen*

der Schaffner

die Lokomotive

die Puffer*

der Speisewagen

die Waggons*

der Lokomotivführer

der Güterzug

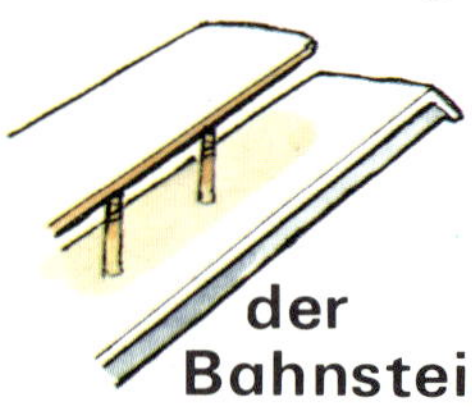
der Bahnsteig

das Signal

der Kontrolleur

die Koffer*

die Scheinwerfer*

Der Bahnhof

Die Tankstelle

der Motor

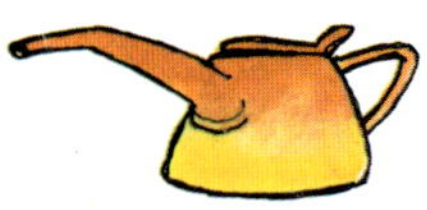
die Ölkanne

die Batterie

der Tankwagen

Der Flughafen

die Stewardeß

der Hubschrauber

die Landebahn

das Flugzeug

der Kontrollturm

der Pilot

die Autowäsche

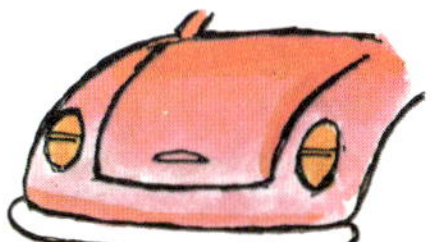
der Kofferraum

die Luftpumpe

die Benzinzapfsäule

das Rad

der Schraubenschlüssel

der Reifen

die Kühlerhaube

der Abschleppwagen

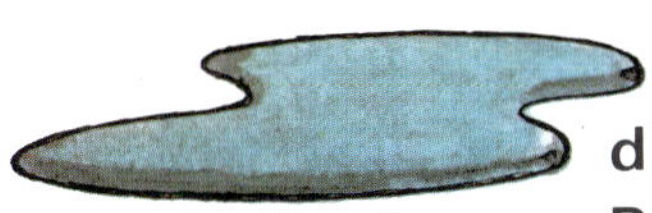
das Öl

Auf dem Land

die Windmühle

der Wald

die Hütte

die Kaninchen*

die Motte

der Fuchs

der Bach

der Wegweiser

die Blumen*

das Eichhörnchen

der Schmetterling

die Vögel*

der Dachs

der Hügel

die Welpen*

der Tunnel

das Dorf

die Eule

der Ballon

der Wohnwagen

die Baumstämme*

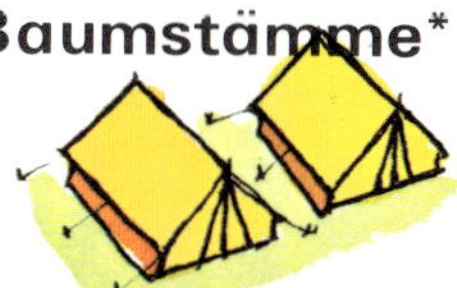
die Zelte*

die Straße

die Brücke

der Lastkahn

der Wasserfall

der Berg

die Steine*

der Maulwurf

die Schleuse

der Angler

die Felsen*

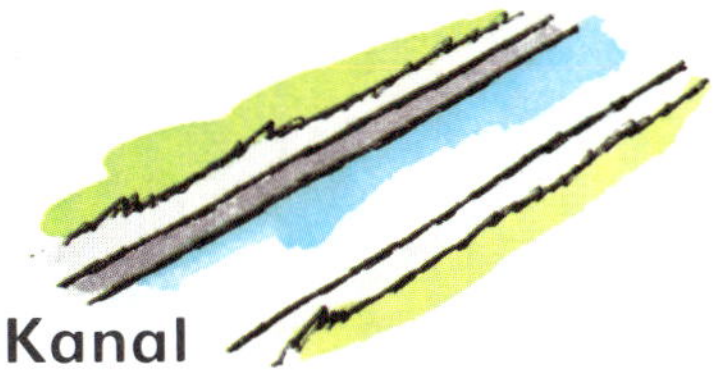
der Kanal

der Zug

der Fluß

Der Bauernhof

der Teich

die Schafe*

der Heuschober

die Enten*

der Anhänger

die Lämmer*

der Zaun

der Speicher

der Schweinestall

der Stier

der Schlamm

die Ferkel*

die Scheune

der Stall

der Bauer

der Karren

das Pony

der Traktor

der Sattel

die Gänse*

die Strohballen*

die Säcke

der Lastwagen

der Obstgarten

der Hühnerstall

der Kuhstall

die Kuh

die Entchen*

der Hahn

das Kalb

der Pflug

der Schäferhund

der Schäfer

die Truthähne*

die Vogelscheuche

die Hühner*

die Schweine*

die Küken*

das Pferd

die Gänschen

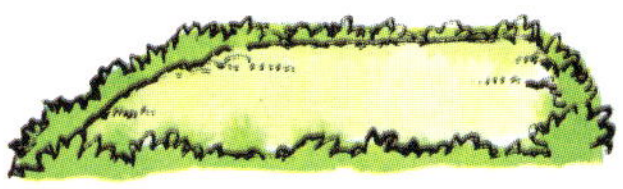
der Acker

das Heu

das Getreide

das Bauernhaus

das Segelboot

das Meer

das Ruder

der Leuchtturm

der Spaten

der Eimer

der Seestern

die Sandburg

die Möwe

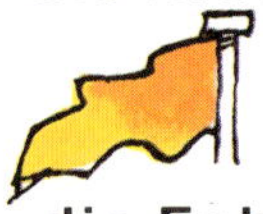
die Fahne

der Krebs

der Seemann

der Sonnenhut

Der Strand

die Boje

die Insel

der Hafen

der Liegestuhl

das Motorboot

die Wasserskiläuferin

die Wellen*

die Muschel

die Klippe

das Schiff

das Kanu

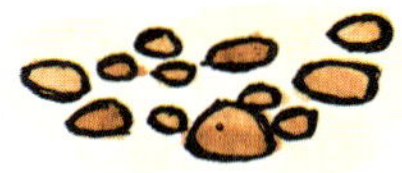

die Kiesel*

der Ball

die Felsen*

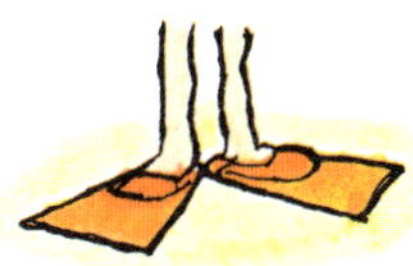

die Flossen*

die Algen*

das Netz

das Paddel

das Fischerboot

er Sonnenschirm

der Esel

der Öltanker

das Ruderboot

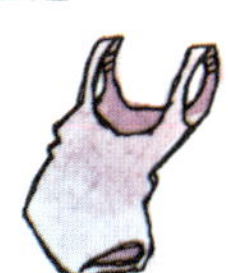

der Badeanzug

das Seil

In der Schule

das Aquarium

das Abzeichen

die Decke

die Bleistifte*

die Jungen*

der Kalender

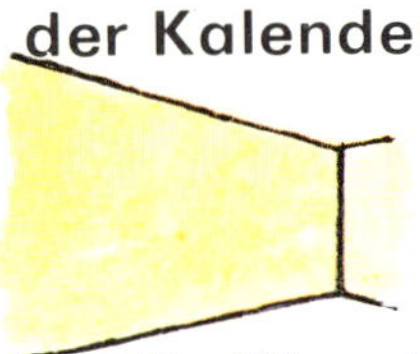

die Wand

der Papierkorb

die Schere

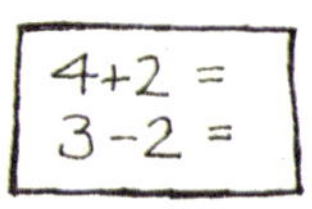

das Rechnen

das Lineal

das Pult

die Fotografien*

die Farben*

das Papier

die Pinsel*

die Glocke

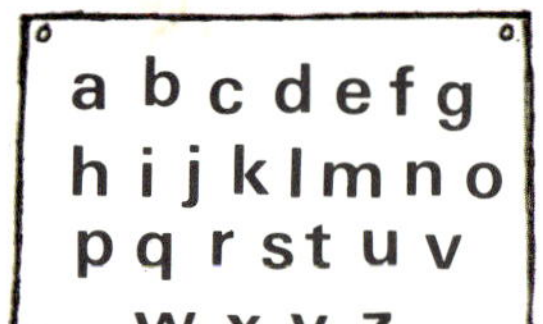

das Abc

die Schachteln*

die Bücher*

das Bild

die Federn*

die Kreide

die Staffelei

der Boden

die Pflanzen*

die Mädchen*

der Globus

der Klebstoff

die Türklinke

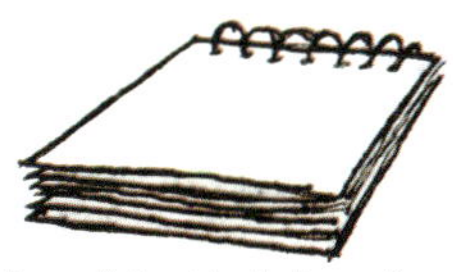
der Notizblock

die Reißzwecken*

die Zeichnung

die Landkarte

die Buntstifte*

die Lampe

die Tafel

die Jalousie

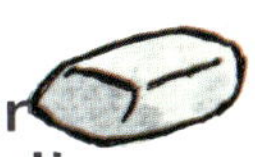
der Radiergummi

die Lehrerin

Im Krankenhaus

das Rollbett

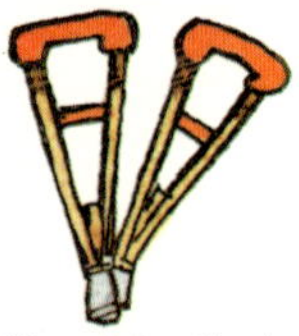
die Krücken*

die Watte

der Teddybär

der Lift

das Glas

der Pförtner

der Morgenrock

die Tabletten*

die Krankenschwester

das Tablett

die Blumen*

der Vorhang

das Heft

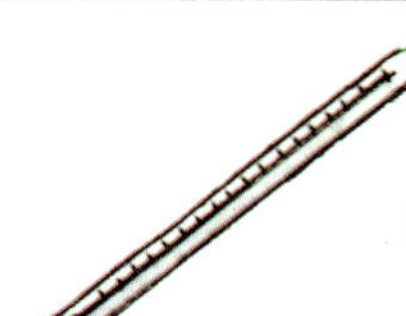
das Thermometer

die Puppe

die Uhr

der Nachttisch
die Medizin
die Pantoffeln*
der Schlafanzug
die Spritze
der Obstsaft
das Nachthemd
der Schrank
der Fernseher

das Bett
die Fieberkurve
der Gips
der Verband
das blaue Auge
der Rollstuhl
das Puzzle
der Doktor

Die Party

die Luftballons*

die Wunder-kerzen*

die Hüte*

der Pudding

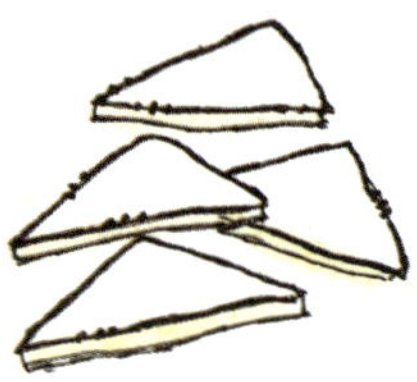

belegte Brote*

der Mond

die Bonbons*

die Plätzchen*

die Tischdecke

die Schallplatten*

die Torte

die Schokolade

die Rosinen brötchen*

der Lampion

die Spielsachen*

das Band

die Kerzen*

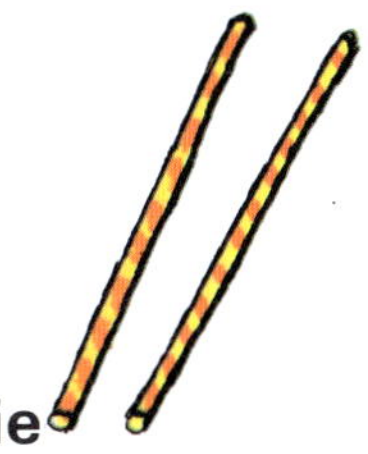

die Strohhalme*

die Sterne*

die Pakete*

der Kuchen

ie Geschenke*

das Fenster

die Götterspeise

das Feuerwerk

die Girlanden*

das Kostüm

Das Geschäft

die Bananen*
die Grapefruit*
der Salat
die Weintrauben*
der Blumenkohl
die Äpfel*
die Karotten*
der Lauch
der Kürbis
die Gurke
die Zitronen*
der Fenchel
die Bohnen*
die Kirschen*
die Aprikosen*
der Kohl
die Melone

die Pilze*
die Tomaten*
die Erbsen*
die Pflaumen*
die Himbeeren*
die Zwiebeln*
die Pfirsiche*
die Ananas
die Kartoffeln*
der Spinat

FISCH
BROT
die Büchsen*
das Brot
die Butter
der Käse
das Hähnchen
die Eier*
der Fisch
das Mehl
die Marmelade
das Fleisch
die Würste*
der Joghurt
der Korb
die Flaschen*
er Rosenkohl
die Orangen*
die Erdbeeren*
die Tragtaschen*
die Kasse
die Waage
das Geld
der Einkaufswagen
der Geldbeutel
die Handtasche

Das Essen

das Frühstück

das Mittagessen

der Kaffee

das Hähnchen

die Marmelade

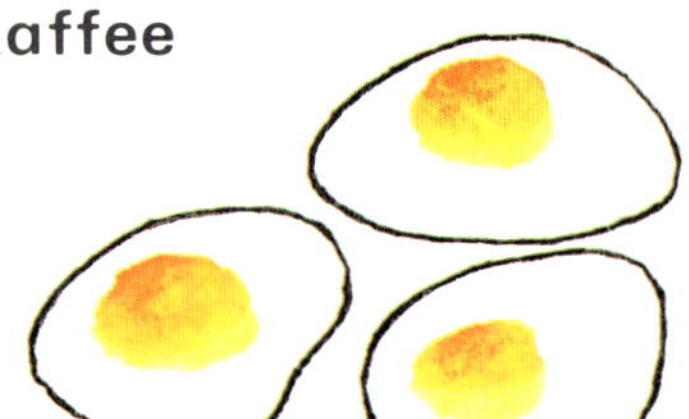

die Spiegeleier*

die Milch

der Honig

der Kakao

die Koteletts

die Sahne

das Bier

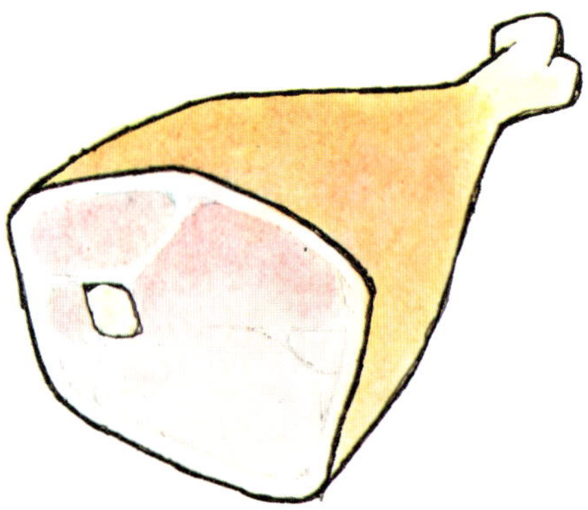

der Schinken

das Salz

der Pfeffer

das Abendessen

der Tee

der Fruchtsaft

die Nüsse*

das Fleisch

das Omelett

der Salat

der Zucker

die Suppe

die Brötchen*

der Eintopf

die Pfannkuchen*

der Reis

der Wein

die Spaghetti

die Soße

Ich

das Haar

die Augenbraue

das Auge

die Nase

die Backe

der Mund

die Lippen*

die Zähne*

die Zunge

das Kinn

der Hals

die Ohren*

der Kopf

das Gesicht

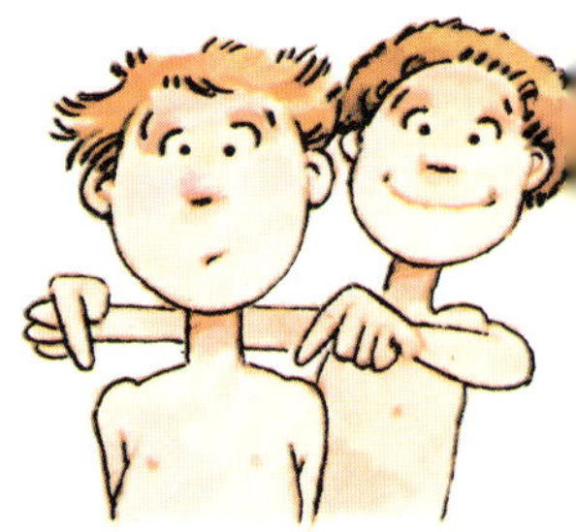
die Schultern*

die Arme*

der Ellbogen

die Hände*

die Finger*

die Daumen*

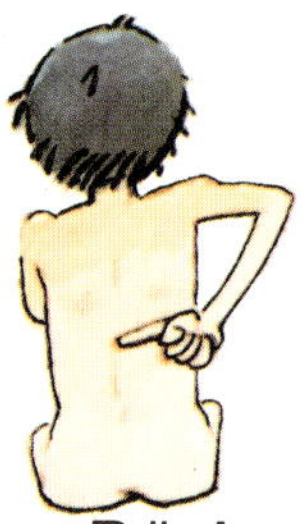
der Rücken

der Popo

die Brust

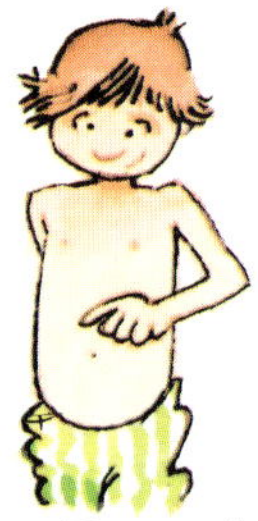
der Bauch

das Knie

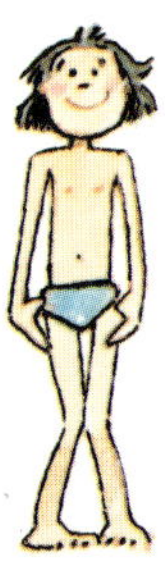
die Beine*

die Füße*

die Zehen*

die Ferse

Meine Kleider

die Unterhose

das Unterhemd

die Hose

die Jeans

das T-Shirt

der Rock

das Hemd

die Krawatte

die kurze Hose

die Socken*

der Rollkragen

der Pullover

die Strickjacke

die Strumpfhose

die Bluse

das Kleid

die Turnschuhe*

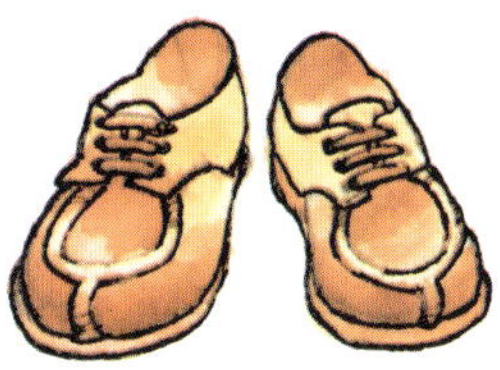
die Halbschuhe*

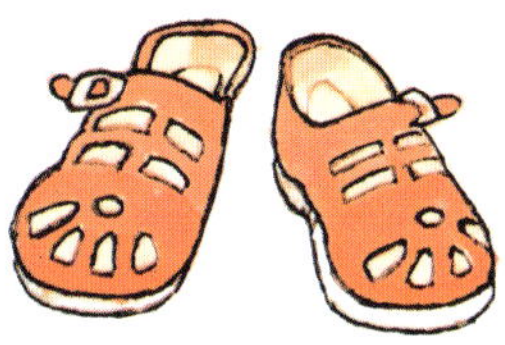
die Sandalen*

die Stiefel*

die Handschuhe*

die Jacke

der Anorak

der Mantel

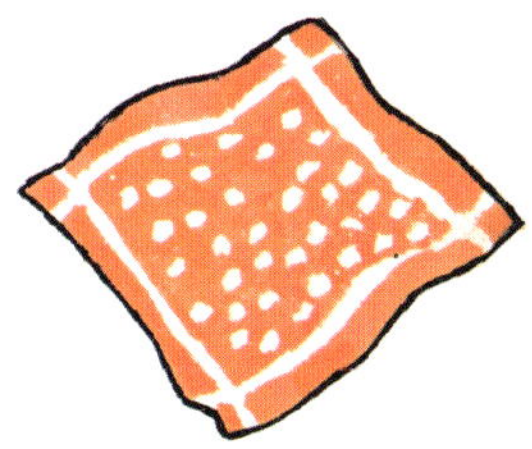
das Taschentuch

die Mütze

der Hut

der Gürtel

die Knöpfe*

die Knopflöcher*

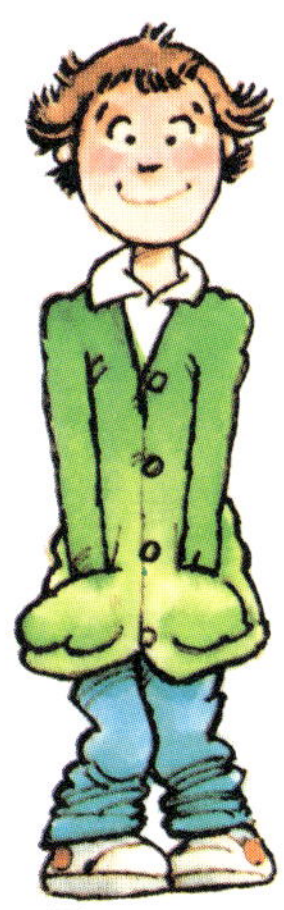
die Taschen*

der Reißverschluß

die Schnallen*

die Schnürbänder*

der Schal

Leute in Europa

der Schauspieler

der Koch

die Tänzerin

der Froschmann

der Astronaut

der Dirigent

der Schreiner

der Clown

der Bauer

der Verkäufer

der Soldat

der Polizist

die Sängerin

der Rennfahrer

der Mechaniker

der Maler

der Metzger

der Feuerwehrmann

der Postbote

der Tiefseetaucher

der Anstreicher

der Lokomotivführer

der Bergsteiger

der Zahnarzt

der Pilot

der Richter

der Zoowärter

der Bäcker

die Familie

der Vater
der Ehemann

die Mutter
die Ehefrau

die Tochter
die Schwester

der Sohn
der Bruder

die Tante

der Onkel

der Cousin

die Großmutter

der Großvater

Tätigkeitswörter

blasen
klettern
spielen
kochen
raufen
schlafen
warten
hüpfen
pflücken
anschauen
werfen
erzählen
ziehen
nehmen
essen
nähen
springen
graben
singen
gewinnen
laufen
stehen
basteln
einkaufen
gehen
schieben

Gegenteil

klein
groß
dick
dünn
lieb
böse
halb
ganz
kalt
heiß
die oberste
die unterste
weich
hart
wenige
viele
der erste
der letzte
weit
nahe
leer
voll
schmutzig
sauber
links
hoch
niedrig

langsam
schnell
einfach
schwierig
lang
kurz
oben
unten
gut
scheußlich
auf
unter
vorne
hinten
naß
trocken
lebendig
tot
dunkel
hell
offen
zu
rechts
alt
neu
außen
innen

Wörter in Märchen und Geschichten

der Teufel

die Krone

der Page

die Prinzessin

das Schwert

der Prinz

die Königin

der König

der Palast

der Engel

der Dinosaurier

das Gefängnis

das Rentier

der Schlitten

der Weihnachtsmann

der Zauberer

der Geist

die Hochzeit

der Bräutigam

die Braut

die Brautjungfern*

das Ungeheuer

Haustiere

die Kaninchen*

die Katze

der Hund

die Goldfische*

die Eidechsen*

der Papagei

die Frösche*

die Wellensittiche*

der Igel

die Seidenraupen*

der Hamster

die Kröten*

die Tauben*

die Hündchen*

die Mäuse*

die Schlange

die Kätzchen*

die Schildkröten*

Das Wetter

die Wolken*

der Nebel

der Regen

der Frost

der Schnee

die Sonne

der Regenbogen

der Blitz

der Tau

der Wind

der Bodennebel

Jahreszeiten

der Frühling

der Sommer

der Herbst

der Winter

Der Sport

das Boxen

das Radrennen

das Baseballspiel

das Schwimmen

das Fußballspielen

das Turnen

der Hochsprung

das Skilaufen

das Autorennen

das Tennis

das Pferderennen

der Eislauf

das Wettschießen

das Kricket

das Gewichtheben

das Springreiten

das Motorradrennen

das Reiten

das Segeln

das Tischtennis

das Rudern

das Ringen

das Basketballspiel

das Judo

Farben

Formen

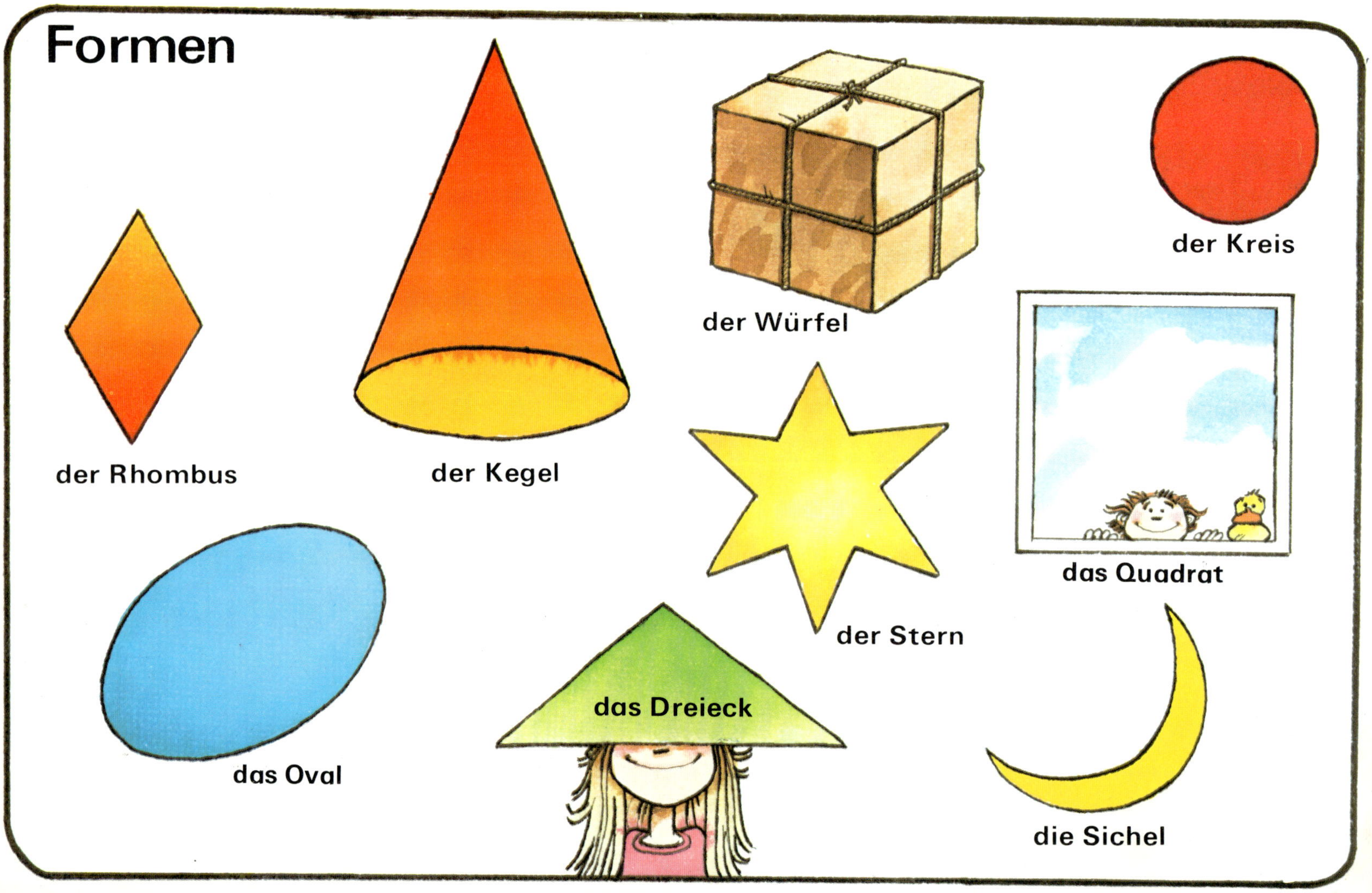

Zahlen

1 eins

2 zwei

3 drei

4 vier

5 fünf

6 sechs

7 sieben

8 acht

9 neun

10 zehn

11 elf

12 zwölf

13 dreizehn

14 vierzehn

15 fünfzehn

16 sechzehn

17 siebzehn

18 achtzehn

19 neunzehn

20 zwanzig

Der Jahrmarkt

das Karussell

die Matte

die Rutschbahn

das Riesenrad

die Autoscooter*

die Achterbahn

das Ringwerfen

das Popcorn

die Zuckerwatte

die Geisterbahn

die Schießbude

Der Zirkus

der Stab
das Trapez
der Seiltänzer
das Drahtseil
die Kapelle
das Sicherheitsnetz
die Strickleiter
der Jongleur
die Akrobaten*
der Löwenbändiger
die Peitsche
der Löwe
der Kunstradfahrer
die Reiterin
der Reifen
der Zirkusdirektor
der Hund
der Clown

Wichtige Wörter ohne Bilder

aber
alle
andere
arm

bald
beenden
behalten
bei
berühren
bitte
bleiben
bringen

da
danke
dann
diese
du
durstig

einige
einmal
Entschuldigung
er

fragen
der Freund
früh
für

Geburtstag
gehen
gestern
glücklich

haben
helfen
heute
hier
hören
hübsch
hungrig

ich
ihr
immer

ja
das Jahr
jeder
jetzt

kommen

lassen
lernen
leider
lieben

mehr
mein
mit
mögen
der Monat
morgen
der Morgen

nach
der Nachmittag
nächst
die Nacht
nahe
der Name
nein
nie
nur

rufen

sehen
sehr
sein
sie
spät

tadeln
der Tag
traurig

und
ungefähr
unser

verkaufen
versuchen
viel
von

wann
warum
weil
wenn
wieder
wir
wissen
wo
die Woche
wollen

zeigen
die Zeit
zu

die Woche

Sonntag
Montag
Dienstag
Mittwoch
Donnerstag
Freitag
Samstag / Sonnabend

das Jahr

Januar
Februar
März
April
Mai
Juni
Juli
August
September
Oktober
November
Dezember

Wörter von A–Z

Hier findest Du alle Wörter aus den Bildern. Sie stehen in alphabetischer Reihenfolge. Hinter jedem Wort ist eine Zahl. Das ist die Seitenzahl. Auf dieser Seite findest Du das Wort mit dem dazugehörigen Bild.

a

das Abc, 28
das Abendessen, 37
der Abfall, 7
der Abschleppwagen, 21
das Abzeichen, 28
acht, 53
die Achterbahn, 54
achtzehn, 53
der Acker, 25
der Adler, 18
der Affe, 18, 19
der Akrobat, 55
die Alge, 27
alt, 45
die Ameise, 8
die Ampel, 12
die Ananas, 34
der Angler, 23
die Angelrute, 15
der Anhänger, 13,24
der Anorak, 39
anschauen, 43
der Anstreicher, 41
der Apfel, 34
die Aprikose, 34
das Aquarium, 28
der Arm, 38
der Astronaut, 40
auf, 45
auffegen, 42
das Auge, 38
die Augenbraue, 38
der Ausguß, 6
außen, 45
das Auto, 13
das Autorennen, 50
der Autoscooter, 54
die Autowäsche, 21

b

das Baby, 17
der Bach, 22
die Backe, 38
der Bäcker, 41
der Badeanzug, 27
baden, 42
die Badewanne, 4
der Bagger, 13
der Bahnhof, 20
der Bahnsteig, 20
der Ball, 15, 16, 27
der Ballon, 23
die Banane, 34
das Band, 33
die Bank, 17
der Bär, 18
das Baseballspiel, 50
das Basketballspiel, 51
basteln, 43
die Batterie, 20
der Bauch, 38
bauen, 42
der Bauer, 24, 40
das Bauernhaus, 25
der Bauernhof, 24
der Baum, 9, 17
der Baumstamm, 23
der Baustein, 14
das Beil, 11
das Bein, 38
das belegte Brot, 32
die Benzinzapfsäule, 21
der Berg, 23
der Bergsteiger, 41
der Besen, 7, 9
der Besenstiel, 46
das Bett, 5, 31
das Bettlaken, 5
der Biber, 18
die Biene, 9
der Bienenstock, 8
das Bier, 36
das Bild, 5, 29
die Birne, 7
blasen, 43
das Blatt, 9
blau, 52
das blaue Auge, 21
der Bleistift, 28
der Blitz, 49
die Blume, 8, 17, 22, 30
das Blumenbeet, 17
der Blumenkohl, 34
die Bluse, 39
der Boden, 29
der Bodennebel, 49
die Bohne, 34
der Bohrer, 10
die Boje, 26
der Bolzen, 10
das Bonbon, 32
das Boot, 15, 17
böse, 44
das Boxen, 50
die Bratpfanne, 7
braun, 52
die Brause, 4
die Braut, 47
der Bräutigam, 47
die Brautjungfer, 47
das Brennholz, 11
das Brett, 10
der Brief, 5
das Brot, 35
das Brötchen, 37
die Brücke, 23
der Bruder, 41
der Brunnen, 46
die Brust, 38
das Buch, 28
das Bücherregal, 4
die Büchse, 35
der Büffel, 19
das Bügelbrett, 7
das Bügeleisen, 6
der Buntstift, 29
die Burg, 46
der Bürgersteig, 12
die Bürste, 5, 7
der Bus, 13
der Busch, 16
die Butter, 35

c

das Café, 12
der Clown, 40, 55
der Cousin, 41
die Cousine, 41
der Cowboy, 46

d

das Dach, 13
die Dachrinne, 8
der Dachs, 22
die Dampfwalze, 14
der Daumen, 38
die Daunendecke, 5
die Decke, 28
der Delphin, 19
denken, 42
dick, 44
der Dinosaurier, 47
der Dirigent, 40
der Doktor, 31
das Dorf, 22
der Drache, 46
der Drachen, 16
das Drahtseil, 55
drei, 53
das Dreieck, 52
dreizehn, 53
dunkel, 45
dünn, 44

e

die Ehefrau, 41
der Ehemann, 41
das Ei, 35
das Eichhörnchen, 22
die Eidechse, 48
der Eimer, 26
einfach, 45
einkaufen, 43
der Einkaufswagen, 35
eins, 53
der Eintopf, 37
das Eis, 16
der Eisbär, 19
die Eisenbahn, 15
der Eislauf, 50
der Eisschrank, 6
der Elefant, 19
elf, 53
die Elfe, 46
der Ellbogen, 38
der Engel, 47
die Ente, 17, 24
das Entchen, 17, 25
die Erbse, 34
die Erdbeere, 35
die Erde, 17
der erste, 44
erzählen, 43
der Esel, 27
essen, 43
das Essen, 36
die Eule, 22

f

die Fabrik, 13
die Fahne, 26
der Fahrer, 13
das Fahrrad, 12
fallen, 42
der Fallschirm, 15
die Familie, 41
fangen, 42
die Farbe, 28
der Farbtopf, 10
das Faß, 11
die Feder, 18, 29
die Fee, 46
die Feile, 10
der Felsen, 23, 27
der Fenchel, 34
das Fenster, 33
das Ferkel, 24
die Fernsehantenne, 13
der Fernseher, 31
die Ferse, 38
die Festung, 15
das Feuer, 9
die Feuerwehr, 13
der Feuerwehrmann, 41
das Feuerwerk, 33
die Fieberkurve, 31
der Finger, 38
der Fisch, 35
das Fischerboot, 27
die Flasche, 35
die Fledermaus, 18
das Fleisch, 35, 36
die Fliege, 5
die Flosse, 27
die Flöte, 14
der Flügel, 18
der Flughafen, 21
das Flugzeug, 21
der Fluß, 23
die Form, 52
der Fotoapparat, 14
die Fotografien, 28
die Frau, 13
der Frosch, 16, 48
der Froschmann, 40
der Frost, 49
der Fruchtsaft, 37
der Frühling, 49
das Frühstück, 36
der Fuchs, 22
fünf, 53
fünfzehn, 53
die Funkstreife, 12
der Fuß, 38
der Fußball
das Fußballspielen, 50

g

die Gabel, 6
die Gans, 24
das Gänschen, 25
der Garten, 8
ganz, 44
das Gefängnis, 47
das Gefäß, 11
gehen, 43
der Geist, 47
die Geisterbahn, 54
gelb, 52
das Geld, 35
der Geldbeutel, 35
das Gemüse, 34
das Geschäft, 12, 34
das Geschenk, 33
die Geschichte, 46
das Gesicht, 38
das Getreide, 25
das Gewächshaus, 9
das Gewehr, 15
das Geweih, 19
das Gewichtheben, 51
gewinnen, 43
der Gips, 31

die Giraffe, 18
die Girlanden, 33
die Gitarre, 14
das Glas, 6, 30
der Globus, 29
die Glocke, 28
der Goldfisch, 48
der Gorilla, 18
die Götterspeise, 33
graben, 43
die Grapefruit, 34
das Gras, 9
grau, 52
groß, 44
die Großmutter, 41
der Großvater, 41
grün, 52
die Gurke, 34
der Gürtel, 39
gut, 45
der Güterzug, 20

h

das Haar, 38
die Hacke, 9
hacken, 42
der Hafen, 26
der Hahn, 25
das Hähnchen, 35, 36
der Haifisch, 19
der Haken, 5
halb, 44
der Halbschuh, 39
der Hals, 38
der Hammer, 10
der Hamster, 48
die Hand, 38
der Handschuh, 39
die Handtasche, 35
das Handtuch, 4
hart, 44
das Haus, 13
das Haustier, 48
die Hecke, 8
das Heft, 30
heiß, 44
der Heizkörper, 4
hell, 45
das Hemd, 39
der Herbst, 49
der Herd, 7
das Heu, 25
die Heugabel, 9
der Heuschober, 24
die Hexe, 46
die Himbeere, 34
hinten, 45
der Hirsch, 19
der Hobel, 11
hoch, 44
der Hochsprung, 50
die Hochzeit, 47
der Hocker, 6
das Holz, 11
der Honig, 36
die Hosen, 39
das Hotel, 12
der Hubschrauber, 21
der Hügel, 22
das Huhn, 25
der Hühnerstall, 25
der Hund, 16, 48, 55
das Hündchen, 48
die Hundeleine, 17
hüpfen, 43
der Hut, 32, 39
die Hütte, 22

i

ich, 38
der Igel, 48
der Indianer, 46
innen, 45
die Insel, 26

j

die Jacke, 39
die Jahreszeit, 49
der Jahrmarkt, 54
die Jalousie, 29
die Jeans, 39
der Joghurt, 35
der Jongleur, 55
das Judo, 51
der Junge, 28

k

die Kachel, 7
der Kaffee, 36
der Kahn, 23
der Kakao, 36
das Kalb, 25
der Kalender, 28
kalt, 44
das Kamel, 19
der Kamm, 5
der Kanal, 23
das Känguruh, 18
das Kaninchen, 22, 48
die Kanone, 14, 46
das Kanu, 27
die Kapelle, 55
die Karotte, 34
der Karren, 24
die Kartoffel, 34
das Karussell, 54
der Käse, 35
die Kasse, 35
das Kätzchen, 48
die Katze, 48
die Kaulquappe, 16
der Kegel, 52
die Kerze, 33
der Kessel, 6
der Kiesel, 27
das Kind, 16
der Kindersportwagen, 17
der Kinderwagen, 9
das Kinn, 38
das Kino, 13
die Kirche, 13
die Kirsche, 34
das Kissen, 4
die Klaue, 18
das Klavier, 14
der Klebstoff, 29
das Kleid, 39
die Kleider, 5, 39
der Kleiderschrank, 5
klein, 44

klettern, 43
die Klippe, 27
das Knie, 38
der Knochen, 8
der Knopf, 39
das Knopfloch, 39
der Koch, 40
kochen, 43
der Koffer, 20
der Kofferraum, 21
der Kohl, 34
die Kommode, 5
der König, 47
die Königin, 47
der Kontrolleur, 20
der Kontrollturm, 21
der Kopf, 38
das Kopfkissen, 5
der Korb, 35
das Kostüm, 33
das Kotelett, 36
der Kran, 14
das Krankenhaus, 30
die Krankenschwester, 30
der Krankenwagen, 12
die Krawatte, 39
der Krebs, 26
die Kreide, 29
der Kreis, 52
das Kricket, 51
kriechen, 42
das Krokodil, 18
die Krone, 47
die Kröte, 48
die Krücke, 30
die Küche, 6
der Kuchen, 32
die Kuh, 25
die Kühlerhaube, 21
der Kuhstall, 25
das Küken, 25
der Kunstradfahrer, 55
der Kürbis, 34
kurz, 45
die kurze Hose, 39
die Kutsche, 46

l

lachen, 42
lächeln, 42
das Lamm, 24
die Lampe, 5, 29
der Lampion, 32
das Land, 22
die Landebahn, 21
die Landkarte, 29
lang, 45
langsam, 45
der Lastwagen, 12, 25
der Laternenpfahl, 13
der Lauch, 34
laufen, 43
lebendig, 45
leer, 44
die Lehrerin, 29
die Leiter, 8, 11
der Leopard, 19
lesen, 42
der letzte, 44
der Leuchtturm, 26
die Leute, 40
lieb, 44
der Lieferwagen, 13
der Liegestuhl, 26
der Lift, 30
lila, 52
das Lineal, 28
links, 44
die Lippe, 38
das Loch, 12
der Löffel, 6
die Lokomotive, 20
der Lokomotivführer, 20
der Löwe, 18, 55
der Löwenbändiger, 55
das Löwenjunge, 18
der Luftballon, 32
die Luftpumpe, 21

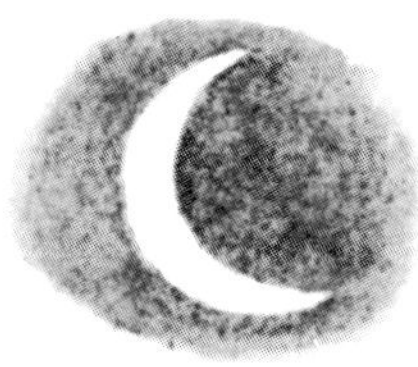

m

das Mädchen, 29
malen, 42
der Maler, 40
der Malkasten, 15
der Mann, 12
der Mantel, 39
das Märchen, 46
die Marionette, 15
der Markt, 13
die Marmelade, 35, 36
die Maske, 15
das Maßband, 11
die Matte, 54
der Maulwurf, 23
die Maus, 48
der Mechaniker, 40
die Medizin, 31
das Meer, 26
das Mehl, 35
die Melone, 34
das Messer, 6
der Metzger, 41
die Milch, 36
das Mittagessen, 36
der Mond, 32
der Mop, 6
der Morgenrock, 30
der Motor, 20
das Motorboot, 26
das Motorrad, 13
das Motorradrennen, 51
die Motte, 22
die Möwe, 26
der Mülleimer, 8
der Mund, 38
die Mundharmonika, 14
die Murmel, 14
die Muschel, 27
die Mutter, 41
die Mutter, 11
die Mütze, 39

n

das Nachthemd, 31
der Nachttisch, 31
der Nagel, 11
nahe, 44
nähen, 43
die Nase, 38
das Nashorn, 19
naß, 45
der Nebel, 49
nehmen, 43
das Netz, 27
neu, 45
neun, 53
neunzehn, 53
niedrig, 44
das Nilpferd, 18
der Notizblock, 29
die Nuß, 37

o

oben, 45
die oberste, 44
das Obst, 34
der Obstgarten, 25
der Obstsaft, 31
offen, 45
das Ohr, 38
das Öl, 21
die Ölkanne, 20
der Öltanker, 27
das Omelett, 37
der Onkel, 41
orange, 52
die Orange, 35
das Oval, 52

p

das Paddel, 27
der Page, 47
das Paket, 33
der Palast, 47
der Pandabär, 18
der Pantoffel, 31
der Panzer, 15
der Papagei, 48
das Papier, 28
der Papierkorb, 28
der Park, 16
die Party, 32
die Peitsche, 55
der Pelikan, 18
die Perle, 14
der Pfannkuchen, 37
der Pfeffer, 36
die Pfeife, 14
Pfeil und Bogen, 15
das Pferd, 25
das Pferderennen, 50
der Pfirsich, 34
die Pflanze, 9, 29
die Pflaume, 34
pflücken, 43
der Pflug, 25
der Pförtner, 30
die Pfütze, 17
das Picknick, 16
der Pilot, 21, 41
der Pilz, 34, 46
der Pinguin, 18
der Pinsel, 28
der Pirat, 46
die Pistole, 46
der Plattenspieler, 4
das Plätzchen, 32
das Poliermittel, 6
der Polizist, 13, 40
das Pony, 24
das Popcorn, 54
der Popo, 38
der Postbote, 41
der Preßlufthammer, 12
der Prinz, 47
die Prinzessin, 47
der Pudding, 32
die Puffer, 20
der Pullover, 39
das Pult, 28
die Puppe, 14, 30
das Puppenhaus, 14
das Puzzle, 31

q

das Quadrat, 52

r

das Rad, 21
der Radiergummi, 29
das Radio, 4
das Radrennen, 50
die Rakete, 14
der Rasenmäher, 9
der Rasensprenger, 8
der Räuber, 46
der Rauch, 9
raufen, 43
der Raumfahrer, 14
die Raupe, 8
der Rechen, 9
das Rechnen, 28
rechts, 45
das Regal, 4
der Regen, 49
der Regenbogen, 49
der Reifen, 21, 55
der Reis, 37
der Reißnagel, 10
der Reißverschluß, 39
die Reißzwecke, 29
das Reiten, 51
die Reiterin, 55
der Rennfahrer, 40
der Rennwagen, 15
das Rentier, 47
der Rhombus, 52
der Richter, 41
der Riese, 46
das Riesenrad, 54
das Ringen, 51
das Ringwerfen, 54
der Ritter, 46
der Roboter, 14
der Rock, 39
die Röhre, 13
das Rollbett, 30
der Roller, 16
der Rollkragen, 39
der Rollschuh, 16
der Rollstuhl, 31
rosa, 52
der Rosenkohl, 35
das Rosinenbrötchen, 32
rot, 52
der Rücken, 38
das Ruder, 26
das Ruderboot, 27
das Rudern, 51
der Rüssel, 19
die Rutschbahn, 16, 54

s

der Sack, 24
die Säge, 10
das Sägemehl, 10
die Sahne, 36

der Salat, 34, 37
das Salz, 36
der Samen, 8
die Sandale, 39
die Sandburg, 26
der Sandkasten, 16
das Sandpapier, 10
die Sängerin, 40
der Sattel, 24
sauber, 44
die Schachtel, 28
das Schaf, 24
der Schäfer, 25
der Schäferhund, 25
der Schaffner, 20
der Schal, 39
die Schallplatte, 32
der Schatz, 46
die Schaufel, 7
die Schaukel, 16
das Schaukelpferd, 14
der Schaum, 4
der Schauspieler, 40
der Scheinwerfer, 20
die Schere, 28
die Scheune, 24
scheußlich, 45
schieben, 43
die Schiene, 20
die Schießbude, 54
das Schiff, 27
die Schildkröte, 48
der Schinken, 36
der Schlafanzug, 31
schlafen, 43
der Schläger, 14
der Schlamm, 24
die Schlange, 48
der Schlauch, 9
die Schleuse, 23
der Schlitten, 47
der Schlüssel, 7
der Schmetterling, 22
schmutzig, 44
die Schnalle, 39
die Schnecke, 8
der Schnee, 49
schnell, 45
die Schnur, 16
das Schnürband, 39
die Schokolade, 32
der Schornstein, 12
der Schrank, 7, 31
die Schraube, 11
der Schraubenschlüssel, 21
der Schraubenzieher, 10
der Schraubstock, 11
schreiben, 42
die Schreibmaschine, 15
der Schreiner, 40
der Schubkarren, 8
die Schublade, 7
die Schule, 12, 28
die Schulter, 38
der Schuppen, 8
die Schürze, 6
die Schüssel, 7
der Schwamm, 4
der Schwan, 17
die Schwanzflosse, 19
schwarz, 52
das Schwein, 17, 25
der Schweinestall, 24
das Schwert, 47
die Schwester, 41
schwierig, 45
das Schwimmen, 50
sechs, 53
sechzehn, 53
der See, 17
der Seehund, 19
der Seemann, 26
der Seestern, 26
das Segelboot, 26
das Segeln, 51
die Seidenraupe, 48
die Seife, 4
das Seil, 29
der Seiltänzer, 55
der Sessel, 5
der Sheriff, 46
die Sichel, 52
das Sicherheitsnetz, 55
sieben, 53
siebzehn, 53
das Signal, 20
singen, 43
sitzen, 42
das Skilaufen, 50
die Socke, 39
der Sohn, 41
der Soldat, 15, 40
der Sommer, 49
die Sonne, 49
der Sonnenhut, 26
der Sonnenschirm, 27
die Soße, 37
die Spaghetti, 37
die Späne, 10
die Sparbüchse, 15
der Spaten, 8, 26
der Speicher, 24
der Speisewagen, 20
der Spiegel, 5
das Spiegelei, 36
spielen, 43
die Spielkarte, 14
der Spielplatz, 12
das Spielzeug, 33
der Spielzeugladen, 14
der Spinat, 34
die Spinne, 5
die Spinnwebe, 5
der Sport, 50
springen, 43
das Springreiten, 51
das Springseil, 17
die Spritze, 31
der Stab, 55
die Staffelei, 29
der Stall, 24
die Statue, 13
der Staubsauger, 6
das Staubtuch, 6
die Steckdose, 6
stehen, 43
der Stein, 23
der Stern, 33, 52
die Stewardeß, 21
der Stiefel, 39
der Stier, 24
der Stock, 9
der Strand, 26
die Straße, 23
der Strauß, 18
stricken, 42
die Strickjacke, 39
die Strickleiter, 55
der Strohballen, 24
der Strohhalm, 33
die Strumpfhose, 39
die Stufe, 12
die Suppe, 37

t

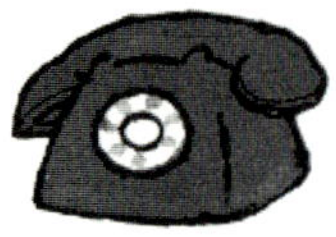

das Tablett, 30
die Tablette, 30
die Tafel, 29
der Tanker, 27
die Tankstelle, 12
der Tankwagen, 20
die Tante, 41
tanzen, 42
die Tänzerin, 40
die Tapete, 4
die Tasche, 39
das Taschenmesser, 10
das Taschentuch, 39
die Tasse, 7
das Tätigkeitswort, 42
der Tau, 49
die Taube, 17, 48